作者简介

　　魏礼群，江苏睢宁人，曾任国家计委政策研究室主任，体制改革和法规司司长，国家计委副秘书长、党组成员兼秘书长；中央财经领导小组办公室副主任，国务院研究室主任、党组书记；国家行政学院党委书记、常务副院长，第十一届全国政协文史和学习委员会副主任。中国共产党第十六届、十七届中央委员会委员。

长期从事国家政策研究和重要文稿起草工作。曾参加1985年中国共产党全国代表大会文件和中国共产党十三大、十四大、十五大、十六大、十七大、十八大政治报告以及许多次中央全会重大决定的起草；1999年至2008年连续10年负责国务院总理在全国人民代表大会上《政府工作报告》的起草；参加中华人民共和国国民经济和社会发展第六、第七、第八、第九、第十、第十一、第十二个五年计划（规划）重要文件起草；负责或参与了50多个对推进中国改革开放和现代化建设具有重大作用的课题研究，包括从中国国情出发进行社会主义现代化研究，建立社会主义市场经济体制研究、《邓小平经济理论研究》、《科学发展观研究》、"四个全面"战略布局研究等，取得一大批对党中央、国务院决策有重要价值的科研、咨询成果。先后出版著作16部，主编著作30多部。在全国性报刊《红旗》《求是》《人民日报》《光明日报》等发表理论文章200多篇。2009年被评为影响新中国60年经济建设的100位经济学家之一。

目前主要社会兼职有：全国社会科学基金应用经济学组组长，中央马克思主义理论研究和建设工程咨询委员会委员，国家哲学社会科学研究专家咨询委员会委员，中国行政体制改革研究会会长，中国旅游智库主任；国际行政院校联合会副主席；国家行政学院、中国人民大学、北京师范大学、上海财经大学教授、博士生导师等。

全面建设世界旅游强国

魏礼群 著

中国言实出版社

图书在版编目（CIP）数据

全面建设世界旅游强国 / 魏礼群著. -- 北京：中
国言实出版社，2015.12

ISBN 978-7-5171-1730-8

Ⅰ.①全… Ⅱ.①魏… Ⅲ.①旅游业发展－研究－中
国 Ⅳ.①F592.3

中国版本图书馆CIP数据核字(2015)第296871号

出 版 人：王昕朋
责任编辑：肖 彭
文字编辑：张 强
美术编辑：张美玲

出版发行 **中国言实出版社**

地 址：北京市朝阳区北苑路180号加利大厦5号楼105室
邮 编：100101
编辑部：北京市西城区百万庄大街甲16号五层
邮 编：100037
电 话：64924853（总编室） 64924716（发行部）
网 址：www.zgyscbs.cn
E-mail：zgyscbs@263.net

经 销 新华书店
印 刷 北京温林源印刷有限公司
版 次 2015年12月第1版 2015年12月第1次印刷
规 格 850毫米×1168毫米 1/32 2.875印张
字 数 35千字
定 价 10.00元 ISBN 978-7-5171-1730-8

旅游业是我国综合性、战略性、支柱性产业，对国民经济和社会发展发挥着全方位、多功能、大带动的重要作用。大力发展旅游业，全面建设世界旅游强国，是社会主义现代化的重大任务，也是实现"两个一百年"奋斗目标和中华民族伟大复兴中国梦的战略选择。现在，从中央到地方都在研究制定"十三五"旅游业发展规划和更长远的发展战略。此时此刻，由中共中央组织部、国家旅游局、国家行政学院联合举办这期"省部级领导干部促进旅游改革发展专题研讨班"十分及时，非常必要。按照本次研讨班安排，今天，我主要就"全面建设世界旅游强国"，讲一讲初步研究认识，与大家一起交流。

全面估量我国旅游业发展的现状，科学认识旅游强国的基本内涵和世界旅游强国发展的主要经验，正确分析我国全面建设旅游强国的机遇和挑战，研究提出全面建设旅游强国需要实行的重大战略和重大举措，对于全面建设世界旅游强国有着重要的现实意义和长远意义。

一、我国已经成为世界旅游大国

准确把握我国旅游业发展所处于的历史阶段，是研究制定我国未来五年旅游发展规划和重大战略的基本出发点和主要依据。因此，首先必须对我国旅游业发展的总体水平作出正确的判断。只有正确认识我国旅游业所处于的发展阶段和总体水平，才能制定科学的发展规划和发展战略。

改革开放以来，在国民经济持续快速发展的同时，我国旅游业蓬勃发展，取得了巨大的成就，实现了历史性的重大转变。在规模上，实现了由小到大、从短缺型旅游发展到小康型旅游的转变；在体制上，实现了由计划经济到市场经济、由封闭半封闭型向开放型的转变；在功能上，实现了由主要配合外交工作到发挥全方位作用、在国民经济和社会发展中居于突出重要位置的转变。

总的来看，我国已经成为一个世界旅游大国，主要标志是：

在国内旅游市场方面：2014 年国内游客达 36.1 亿人次，位居世界第一。改革开放 30 多年来增长了 17 倍，年均增长 10.1%。旅游已成为大众消费，是人民群众日常生活的重要内容。

在入境旅游方面：2014 年接待入境游客达 1.28 亿人次，30 多年来增长了 69.7 倍，年均增长 12.6%。我国已经成为世界第四大旅游目的地。

在出境旅游方面：2014 年我国内地公民出境旅游达 1.1 亿人次，是 1994 年出境人数的 29 倍；出境旅游消费达 1650 亿美元，占世界出境消费额第一位（美国出境旅游消费 1108 亿美元，世界第二）。我国已成为世界第一大旅游客源国。中国游客从早期出游港澳和新马泰、菲律宾等地，到现在足迹遍布世界 150 多个国家和地区。

在国内旅游消费方面：自有统计数据的 1993 年以来，20 多年增长了 39 倍，年均增长 18.1%，从 1993 年 864 亿元，占居民消费支出总额的 5.26%，到 2014 年达 33807 亿元，占居民消费支出总额的比重上升到 14%。1994 年，国内旅游消费对居民消费增长的贡献率仅为 2.9%，2013 年这一贡献率达到 16.5%。过去的 20 年间，国内旅游消费对居民消费支出的平均贡献率超过了 10%，对居民消费增长的拉动作用十分明显。

在旅游就业方面：2013 年旅游总就业人数达 6441 万人，占全国就业总数的 8.4%。近些年，每年可新增旅游直接就业人口 50 万人左右。旅游业就业创业相当可观。

在旅游外汇收入方面：2014 年我国旅游外汇收入达 569 亿美元，仅次于美国、西班牙，居世界第 3 位。多年来，旅游业一直在我国服务贸易出口中居于首位，旅游出口贸易额（旅游外汇收入）占我国全部服务贸易出口总额的比例基本保持在 40%—

50%，个别年份占比过半。

在旅游对经济贡献方面：据世界旅游业理事会（WTTC）的测算，2014年，我国旅游业直接、间接和引致创造的GDP占全国GDP总量的9.4%。根据国家信息中心测算，2012、2013、2014年我国旅游业直接增加值占GDP的比重为7%左右，直接加间接的综合贡献增加值占GDP的10%左右，"十分天下有其一"。根据四川省测算，2014年四川省旅游业增加值占全省GDP的9.47%，近两年四川省旅游业对GDP的贡献都超过10%，2014年四川省旅游业对全省GDP的贡献上升到15.14%。

中国旅游业在短短30多年时间取得如此巨大进展，可谓举世罕见。纵观世界旅游发展史，世界上的旅游强国都经历了从奢侈消费旅游到大众消费旅游的发展历程。所不同的是，英国自17世纪60年代上流社会开始"泛欧旅行"，19世纪40年代旅游业兴起，20世纪初才逐渐成为大众参与的旅游活动，这一转变历时近250年。美国从1850年把旅游业作为产业发展，当时旅游也只是美国中高阶层的活动，直至"二战"之后，美国才开始有了真正意义上的大众旅游，这一过程也经历了近一个世纪。

总之，我国旅游业已实现了由小到大的历史性跨越，正在向全面建设世界旅游强国的目标迈进。

二、世界旅游强国的基本内涵和我国主要差距

我们国家虽然还没有正式提出建设旅游强国的国家战略，但早在 2000 年的全国旅游工作会议上，就提出了建设世界旅游强国的几方面奋斗目标。2005 年，国家发改委和国家旅游局设立重大课题，组织力量开展过建设世界旅游强国的研究，产生了一批重要的研究成果。2009 年国务院颁发第 41 号文件《国务院关于加快发展旅游业的意见》，提出力争到 2020 年我国旅游产业规模、质量、效益基本达到世界旅游强国水平。这时只从"产业规模、质量、效益"三个方面提出目标要求。10 多年来，我国积极推进旅游理论创新和实践创新，在建设旅游大国

和旅游强国中都取得了可喜的重要进展。

为什么要提出建设旅游强国？世界旅游强国的内涵是什么？我国与世界旅游强国的主要差距在哪里呢？

我理解，15年前提出建设世界旅游强国的目标，是基于旅游业已成为国民经济的增长点，要使旅游业更好地发展壮大，发挥更大的作用。提出这样的奋斗目标，有着重大的意义。在新的历史条件下，提出全面建设世界旅游强国，更加具有现实意义和战略意义。一是提高我国旅游治理体系和治理能力现代化的内在要求，有利于充分发挥我国丰富的旅游资源，提高旅游业整体发展水平和质量，做大做优做强旅游业，增强我国旅游业的吸引力、影响力、竞争力。二是全面推进国家现代化建设的重大任务，有利于充分发挥旅游在全面建成小康社会，提高人民生活质量和健康水平，促进经济、社会、文化协调全面发展，在建设世界经济强国、文化强国、现代化强国，实现"两个一百年"奋斗目标中的独特作用。三是增强旅游业服务公共外交、扩大国际人文交流，提高国家软实力、亲和力的战略选择，有利于向世界展示我国社会制度和中华文化的强大生命力与优越性，增强中国特色社会主义的道路自信、理论自信、制度自信。

（一）世界旅游强国的基本内涵

对于什么是世界旅游强国，国际社会并没有统一、权威的定义，也还没有形成共识的、科学的评价标准。世界旅游组织对全球旅游目的地，也只是用入境旅游人数与国际旅游收入两大总量性指标进行排序。目前，这方面最重要的是世界经济论坛（WEF）发布的每年度全球旅游业竞争力报告。其最新的旅游竞争力指数（TTCI）包括 4 个一级指标、14 个二级指标和 90 个三级指标，测算的指标充分考虑各国旅游业可持续发展的能力。2015 年全球旅游业竞争力报告涵盖世界上 141 个国家和地区，旨在分析评估全球 141 个经济体通过旅游业创造经济和社会效益的潜力。

我认为，世界旅游强国应是全面的、综合的、动态的概念，应从多方面来衡量：既有旅游数量的尺度，又有旅游品质的标准；既有旅游整体水平的展现，又有旅游结构的反映；既有旅游业宏观的总量，又有旅游企业的比较；既有旅游基础设施硬件的状况，又有旅游业治理水平的评价；既有旅游实力指数，又有旅游者体验评估。是否是旅游强国不在于国家的大小，但必须是旅游市场大、旅游业发达的国家。在研究借鉴相关研究成果的基础上，我将世界旅游强国的内涵概括为"8 高、8 强、8 支撑"：

8 高：旅游总量高、旅游品质（旅游产品质量、旅游服务质量、旅游景区环境质量）高、旅游效益高、旅游综合贡献高、旅游从业者素质高、游客文明素质高、旅游安全水平高、旅游科技利用水平高。

8 强：旅游吸引力强、旅游创新力强、旅游个性特色强、旅游持续发展能力强、国际旅游竞争力强、世界旅游影响力强、全球旅游话语权强、旅游综合带动力强。

8 支撑：拥有世界一流的旅游城市、世界一流的旅游企业、世界一流的旅游目的地、世界一流的旅游强省强县、世界一流的旅游品牌、世界一流的旅游产品、世界一流的旅游院校、世界一流的旅游人才队伍。

衡量旅游发展水平的综合指标，通常采用旅游总收入及其占 GDP 的比重，旅游总人数及市场份额，包括国内旅游和出入境旅游，旅游创汇收入，以及旅游消费、旅游投资、旅游就业、旅游税收所占比重等，还有旅游结构与产品、质量与体验，旅游吸引力、竞争力和保障力，包括世界级旅游产品、景区、企业，旅游品牌和文明程度等。总的来说，世界旅游强国是规模与质量、效益的统一，入境旅游与出境旅游的统一，旅游硬件建设与旅游软件建设的统一，旅游产业素质与公民旅游素质的统一，关键是旅游整体发展水平高，核心是旅游业国际竞争力强。建设世界旅游强国的主要目标，是实现全国旅游的大众化、特色化、精品化、规范化、信息化、国际化、现代化。

世界旅游强国的核心，是旅游业国际竞争力强。根据世界经济论坛（WEF）发布的年度全球旅游业竞争力报告，2015 年，全球旅游业竞争力排在前 20

位的国家和地区依次为：西班牙、法国、德国、美国、英国、瑞士、澳大利亚、意大利、日本、加拿大、新加坡、奥地利、中国香港、荷兰、葡萄牙、新西兰、中国、冰岛、爱尔兰、挪威。当今世界，称之为旅游强国的，主要是指西班牙、法国、德国和美国等国家。究其原因，这几个国家都是国际旅游业的强国：美国是国际旅游收入的大户，法国接待入境旅游者数量长期雄踞世界首位，西班牙和意大利接待的入境旅游人数和国际旅游收入多年来都排在中国的前面。这几个国家分别属于世界上经济最发达的北美经济圈和欧洲经济圈，加之现代旅游业起步很早，旅游资源、旅游设施、旅游服务也日臻成熟，国际国内旅游发展的程度都很高，确实可以当之无愧地称为世界旅游强国。除这几个国家之外，英国、意大利、奥地利以及加拿大等国，旅游业的整体水平也高于中国。

（二）我国与世界旅游强国的主要差距

我国与世界旅游强国相比，还有较大差距。

1. 旅游业整体发展水平不够高。 从旅游创汇能力看，2014年中国旅游外汇收入，仅为美国的1/5，意大利、法国和西班牙的2/5，英国的3/5。世界旅游强国的国内旅游人次、出游率和消费都位居世界前列，中国国内旅游总人次虽居世界第一，但人均出游率较低，2014年为2.06次，与世界旅游发达国家相比，出游率仅为他们的1/6—1/5（美国为人均6.43次）。还要看到，我国人均出游人次方面还存在较大的城乡差距。中国国内旅游的人均消费水平也较低，目前只相当于墨西哥的水平。我国入境游客人均游客到访量仅为0.04，落后于西班牙、法国、美国、德国、意大利，这几个国家的人均游客到访量分别为1.37、1.27、0.24、0.41、0.81。2014年我国入境游客人均花费为560美元，而美国入境游客人均花费2000美元，西班牙人均花费1000美元，法国人均花费660美元。

2. 旅游业发展结构和质量差距较大。一是供需矛盾仍很突出。旅游基础设施与公共服务体系相当薄弱，旅游公路通达深度不够，乡村道路和旅游专用公路比例小，老少边穷地区的旅游点与中心城市的公路交通不配套，不能适应日益增长的旅游需求。西部地区旅游资源丰富，但铁路网和航线密度不够。豪华旅游列车发展慢，高速公路与城市结合部的汽车旅馆、汽车营地发展不够。部分旅游目的地的邮电传递、信息通讯也不完善。尤其是"十一"、春节长假期间，游客火爆，道路拥挤不堪，旅游接待不暇，住宿和交通供给能力不足。旅游饭店、旅行社不能满足旅游者的需求，成为旅游投诉的热点。前不久，"十一"国庆节期间，全国共接待游客 5.26 亿人，仅国家旅游局受理投诉举报 534 件。二是旅游产品难以满足多元化消费需求。从国际上看，旅游消费需求多元化趋势日益明显，已逐步从对观光产品的单一需求向观光、度假、会展等多元需求转变。中国旅游产品仍以观光型为主，产品开发滞后、单一，特别是主题旅游、特种旅游和度假旅游产品开发力度不够。三是部分地方旅游环境较差。有些旅游景区过度开发，生态环境遭到破坏，水质污染严重，脏、乱、差现象不堪入目。不少地方旅游接待和服务设施简陋，难以向旅游者提供安全、卫生、舒适的服务。有的旅游饭店、餐馆客房、餐馆环境卫生条件差，无明码标价，变相涨价，欺客宰客，服务质量差。旅游厕所问题突出，特别是节假日期间，旅游景区如厕排长队现象普遍存在，近年来旅游厕所状况虽然有所改善，但在旅游几大要素中仍是旅游者评价最低的。四是旅游市场秩序不规范。有的景区市场经营混乱。有些旅行社以不合理低价组织旅游活动、无资质经营旅游业务，发布非法旅游虚假广告，一些旅游从业人员的职业道德和服务水平低，不按规范要求为旅游者提供服务，强迫或变相强迫旅游者购物，擅自增减旅游项目，损害了旅游形象和旅游者权益。有的旅游企业削价竞争、搞市场欺诈，旅游购物场所和旅游纪念品市场以假乱真，扰乱了正常的市场经营和公平竞争秩序。五是国民旅游文明素质亟待提高。普遍存在在景区大声喧哗、乱扔废物等不文明现象，文明旅游还没有成为广大游客的自觉行为。

    3. 世界级旅游名牌和旅游目的地缺少。旅游业创新能力不强，科技含量不高。（1）我国还没有形成世界一流的跨国旅游集团。据有关方面统计，我国两万余家旅行社的年营业收入总额仅相当于美国运通一家的40%、日本交通公社一家的50%。中国最大的旅行社全年营业收入只相当于美国旅行社排行榜第35位，大幅低于美国等发达国家旅游企业平均水平。（2）世界级旅游目的地建设差距大。2015年3月24日全球最大旅游网站猫途鹰（TripAdvisor）揭晓"2015旅行者之选-全球最佳目的地"榜单，评选范围覆盖全球超过40个国家602个旅游目的地，凝聚上千万游客在过去一年真实旅游体验。在全球15强的榜单中，英国、意大利、法国、西班牙各有1个入围，中国没有入围；在25强的榜单中国香港入围，中国大陆无一入围，而柬埔寨、越南、泰国、尼泊尔都有1个入围。在所评选的世界级10大旅游景点中，中国没有入围景区，美国有4个，澳大利亚有2个；在20大旅游景点中，中国只有长城入围，美国有5个，澳大利亚有3个；50强中国有4个入围，但都在20名之后。（3）世界旅游城市差距大。2014年7月9日万事达信用卡国际公司在英国伦敦公布"世界旅行目的地指数"，前20名中只有上海市入围（第16名）。英国、法国、美国、西班牙各有1个城市入围，其中英国伦敦排名第一，法国巴黎排名第三。入境游客人均花费来看，上海市的人均花费为870美元，远低于英国伦敦、法国巴黎、美国纽约、西班牙巴塞罗那，这几个国家都在1000美元以上。（4）缺少世界品牌酒店。中国还没有世界品牌酒店，全球10大酒店品牌美国占8个，法国和英国各占1个。前10名是：洲际酒店管理集团（英国）、胜腾集团（美国）、万豪（美国）、希尔顿集团（美国）、雅高集团（法国）、精品舒适酒店（美国）、最佳西方酒店（美国）、喜达屋（美国）、卡尔森（美国）、凯悦（美国）。

4. 旅游业教育和人才队伍建设严重滞后。 当前人才短缺是制约旅游产业发展的一大瓶颈，旅游人力资源有效供给与行业需求不平衡。一是旅游人力资源供给严重不足，真正进入旅游行业就业的不多；二是旅游人才在行业内流动频繁，行业外流失严重；三是职业结构不合理，各种新业态人才缺乏，高层次、高素质、高技能、领军型人才、创新创业型、复合型人才、国际化人才都普遍不足；四是年龄结构不合理，行业内人才普遍吃青春饭，资深专业人才不足。

5. **管理体制机制不利于旅游业持续健康发展。** 旅游资源分属于多个部门，旅游工作缺乏统筹管理协调，出现问题推诿扯皮，难以形成合力。政府与市场关系还有待理顺，"管办不分"的现象依然存在，市场作用没有得到有效的发挥，政府的作用也没有得到应有发挥。缺乏系统的支持旅游业发展的政策体系。旅游立法相对滞后，缺乏配套法规，旅游标准不够健全。有的节假日制度不利于旅游业发展。带薪休假制度在不少部门、地方和企业得不到真正贯彻落实。

三、世界上旅游强国发展的主要经验和几点启示

我主要通过对已成为世界旅游强国的西班牙、

法国、德国、美国旅游业发展作简要分析，研究建设旅游强国的发展规律和经验，以为我国实现由旅游大国到旅游强国提供路径选择的借鉴。

（一）世界旅游强国的发展历程

1. 西班牙

几十年来，西班牙旅游业一直保持世界领先的地位。西班牙旅游业是伴随着整个国民经济的发展而发展起来的。从 1959 年起，西班牙改变了过去闭关自守的政策，对外实行全面开放，经济迅速发展起来，随之旅游业也迅速发展。西班牙政府通过一系列措施支持旅游业发展，包括增加对旅游业的投资和贷款，鼓励外国资本和本国私人投资修建旅游设施。由于政府的重视，旅游业持续快速发展。1962 年西班牙的接待游客为 800 万人，外汇收入为 5 亿美元，而到了 1978 年，西班牙的接待游客人数高达 3990 万，超过了本国人口，成为世界上接待游客最大的国家。2014 年，到西班牙旅游的游客达 6500 万，入境游客居世界第 3 位，仅次于法国和美国；赚取外汇 652 亿美元，居世界第 2 位，仅次于美国。

2015 世界旅游竞争力排行榜西班牙位列第一。

西班牙发展旅游业的主要做法和经验有：

（1）重视政府对旅游业发挥主导作用。从中央到地方各级政府都建立旅游管理机构，以举国之力发展旅游。国家通过立法建立起完善的管理经营体系和制度。政府不断制定和实施促进旅游业发展的阶段性计划、年度计划和专项计划。1992 年制定的《1992—1995 西班牙旅游业竞争力规划》，有力地促进了西班牙旅游业素质和竞争力的提升。2008 年国际金融危机以后，西班牙推出旅游业发展计划，包括制定出《2012—2015 年全国一体化旅游计划》，这个计划以强化西班牙旅游业在世界上的优势地位、竞争力和可持续发展为主要目标。据了解，该计划规定的各项指标到今年底都可以实现。

（2）重视旅游产品深层次开发。通过推出丰富多彩的旅游景点和活动吸引游客。注重旅游产品体系建设，不断拓展和完善产品系列扩大市场规模，同时加大旅游产品的深度开发，着力挖掘文化内涵，突出产品亮点，将单纯的文物旅游扩展为文化旅游。

通过景点解说词、游览线路设计、导游素质培训，充分展示旅游产品的文化魅力。

（3）重视旅游资源保护和利用。制定科学的城市规划，对市区土地利用性质、城市建筑物高度及外形作出严格限定，保护城市历史风貌，使许多城市成为独具魅力的旅游目的地。西班牙有很多王宫、教堂和城堡，对重要的文物都制定相应的保护措施。景区景点的门票收入，全部用于景区的资源保护，以促进景区的可持续发展。

（4）重视提供良好的旅游环境。不断完善旅游交通等基础设施和配套条件，各种交通运输设施都尽可能为旅游发展提供方便。建立起现代化综合运输体系和通讯网络，硬件设施和软件服务都达到了世界先进水平。每个旅游城市都设有旅游咨询中心，成为当地旅游服务的窗口。所有旅游景点的厕所都非常干净整洁。

（5）重视旅游市场营销和形象推广。通过媒体宣传和广告创建并确立了西班牙作为世界旅游目的地的形象。针对每个市场的特点，选出最适合的产品形象代表，有的是西班牙男高音歌唱家，有的是世界杯冠军足球队等，并建立了一个平台支持旅游企业对旅游产品进行营销。在较长的一段时间里，西班牙旅游业所采用的宣传口号是："与众不同的西班牙""一切沐浴在阳光中""生活的热情"等。以西班牙绘画大师杰昂·米罗画风为特点的旅游标志，甚至成为西班牙国家整体形象的标志，为世界各地游客所熟知。

2. 法国

法国是世界上最早发展旅游业的国家之一。旅游业一直备受法国政府重视。1910 年，法国政府设立国家旅游局。尔后，相继制定《旅游宪章》及一系列旅游法规和实施细则，为旅游业快速、协调发展提供了强有力的法制保障。社会（福利）旅游兴起于法国并发展迅速。政府将部分福利基金资助一些不以盈利为目的的旅游公司发展旅游业，目的是让低收入家庭也能享受旅游度假的权利。法国现已有社会（福利）旅游性质的度假村和露营中心近700 处，遍及海滨、山区和乡村。2014 年法国接待外国游客总数为 8370 万人次，蝉联世界第一大旅游目的地桂冠。2015 年世界旅游竞争力排行榜法国位列第二。

法国发展旅游业的主要做法和经验有：

（1）重视文化的特殊作用。法国是一个文化大国。法国旅游业的持续发展和壮大，是与法国文化大国地位分不开的。文化堪称法国旅游业的灵魂和核心竞争力。充分挖掘文化内涵，打历史牌、文化牌。重视古老文化与现代文化的结合，在尊重历史的基础上，不断推陈出新，开拓新的产品吸引游客。注重博物馆、主题公园旅游开发。法国有主题公园 70 多座，国家级艺术博物馆 1100 多个。在法国的大中城市和旅游城市，各种文娱活动丰富多彩。

（2）鼓励国外游客购物消费。法国专门制定针对国外旅游的退税政策，鼓励国外游客旅游购物消费。只要是非长期停留的国外游客，出境时就可享受退税待遇，退税率在 10% 以上。同时，严格管理并提供优质服务。

（3）注重发挥旅游行业组织作用。法国旅游局隶属于法国公共工程、住房、交通和旅游部。其机构设置明确突出了旅游的产业性质和经济功能，适应了旅游业综合性强的特点。除政府设立旅游行政管理机构外，旅游行业组织在旅游市场管理上也发挥着非常重要的作用。旅游行业组织与旅游行政管理机构密切配合，使市场能够健康、有序地运行，避免了恶性竞争。

（4）**实行多方面激励旅游制度。**一是实行带薪休假制度。法国是世界上节假日最多的国家之一，也是世界上第一个实行带薪休假制度的国家。依照法国《劳动法》，职工每年至少享有 30 个非假日带薪休假时间，除此以外，每周工作超过正常工作时间 35 小时的部分，都可以转换成假期，任何雇主或机构负责人都无权剥夺员工这项权利，并要接受相关机构的监管。该项措施完善了已有的休假制度，为公民旅游提供了更多的时间。二是发行旅游支票制度。为鼓励发展国内旅游业，法国政府于1982 年开始发行旅游支票，并成立了专职公共机构法国度假旅游支票署，进行发行推销管理。旅游支票由企业或机构与个人共同出资认购，企业或机构出资比例为 20%—80%，购买旅游支票金额可免交工资所得税，这对法国国内旅游的发展起到了积极促进作用。

（5）创新旅游宣传和促销方式。一是重视本地化"窗口宣传服务"。作为法国旅游管理机构的旅游办公室达 3600 多家，居欧洲第一，免费为游客提供旅游咨询公共服务。二是法国政府旅游部于 1987 年创建专门负责拓展旅游的"法兰西之家"，即旅游促销机构，总部设在巴黎，由旅游部长领导，以向世界进行法国旅游营销为宗旨。目前"法兰西之家"在 28 个国家设有 33 个办事机构。三是通过在世界各地建立"法国文化中心"宣传法国旅游。"法国文化中心"是法国在世界一些国家重要城市的中心地区建立或者租赁优美建筑，旨在世界各地传播和宣传法国文化。四是在世界许多国家举办法国旅游业推介会，推动国际旅游活动。五是设立法国旅游宣传网站。通过在线营销手段对法国旅游进行宣传和促销。

3. 德国

德国是个旅游资源十分丰富的国家，也是一个旅游业相当发达的国家。从 20 世纪六七十年代起，德国开始进入工业化后期，德国的旅游业迅速发展为一个非常兴盛的行业。2006 年德国有各种酒店 6 万家，每年接待 4000 万外国游客，旅游业从业总人数约为 240 万人左右，约占德国总人口的 3%，旅游业年营业额在 1200 亿欧元以上。2014 年，德国旅游客流量共 4.2 亿人次，其中外国游客约 0.72 亿人次。

德国发展旅游业的主要做法和经验有：

（1）注重对旅游资源的保护与开发。重视保护古建筑等历史人文景观，各地区曾经有过的辉煌和有特色的东西，都通过兴办博物馆的形式保留下来，所以德国各地的博物馆特别多，而且形式多样，包括"德国旅游三绝"的教堂、古堡、古建筑得以普遍存在。重视保护自然环境，政府通过健全立法、严格执法、加强教育等有效措施，使人人遵守社会公德，尤其是加强环境保护成为每个公民的自觉行为。重视保护非物质文化遗产。德国的民俗节庆、各地特色的民俗节日及德国的宗教节日都得到保护和传承，一些极具民间特色的文化都被完好地保留下来。

（2）注重发展多样化个性化旅游。开辟体现旅游不同特色的"音乐之旅""歌德之路""童话之路"等线路游。结合各地民俗节庆文化，开展各具特色的旅游，如"丰收节""洋葱节""玫瑰节""南瓜节""土豆节""狂欢节"等等。由于德国特殊的历史文化，使各地的人文历史差异性很大，许多人感觉在德国各地旅游就好似穿越了多个国家。

（3）注重旅游全面带动作用。德国非常重视旅游对民众的教化作用，"寓教于乐"。最有代表性的是遍布德国城乡的各类博物馆，形式多种多样。各地旅游景点门票收费都相对较低。地方政府更加看重的是旅游对地方经济社会发展的整体促进作用。旅游设施的建设讲求节俭、实用，不追求豪华。

4. 美国

美国旅游业发展模式的突出特点，是依托其发达的经济、科技、文化水平构建的。美国从联邦政府到各州政府及旅游城市都十分重视旅游业发展。20世纪70年代，联邦政府制定了《美国全国旅游政策法》，规定成立"全国政策委员会"，制定出一系列政策措施促进旅游业发展。1995年，召开研究全国旅游工作的白宫会议。由国会批准免签政策（VWP），使68%的美国入境旅游者获益，美国也从这些免签证的旅游者身上获得了全部国际旅游收入的60%。有27个国家享有此项优惠，这些国家的游客旅游或商务可享受90天内免签证政策。美国现代化的生活方式、多元化的文化融合和强大的经济实力，奠定了美国国际性的旅游目的地和客源国形象。在全球旅游市场中，美国是最受益的国家。

美国发展旅游业的主要做法和经验有：

（1）重视对知名度高的旅游资源开发和保护。一是文化主题型。特色鲜明的主题公园，既很好地宣扬了美国的历史与文化，又为旅游业增加了文化的底蕴。140多年前，美国政府将黄石定为第一座国家公园，以后逐步扩大到450多处地方，成为美国最具吸引力的旅游选择之处。二是自然资源型。美国自然环境与资源保护全球领先，拥有科罗拉多大峡谷、尼亚加拉瀑布等388个国家公园，155个国家森林公园，5655个州立公园，23条国家风景步道，这些都是吸引力很强的旅游目的地。华尔街、好莱坞、夏威夷、拉斯维加斯，这些耳熟能详的地名，无一不对世界各地游客产生强大的吸引力。

（2）重视旅游交通和配套设施建设。美国旅游基础设施十分发达。交通运输便利，1300多个城市都有机场，全美有大型航空公司50多家，国内定期航线达28万公里；运营铁路总长达38.6万公里；高速公路四通八达、设计科学，不同道路交叉联系顺畅，公路总长约637万公里。旅游酒店占全球客房供应的27%。同时，美国旅游业的信息化程度高，无论在旅行代理业还是酒店业及相关服务业都充分显示出高科技的优势与强大的竞争力。

（3）重视规范旅游经营管理。美国具有多个国际权威的行业协会，各协会针对特殊领域，管理旅游资源，协调企业利益。美国酒店与住宿业协会

(AH&MA) 在美国 50 个州设有分会，对新会员进行入门培训，介绍成员经营情况，维系美国酒店住宿业硬件设施和软件服务的高标准。美国旅行社协会 (ASTA) 是世界最大的旅游和旅游专业队伍的协会组织，通过大量使用自动化技术，适应不断变化的市场，为顾客节省时间和金钱。2014 年美国旅游业直接从业人员达 730 万人，占全美非农就业人数的 1/8，不仅数量多，而且素质高。无论导游服务、餐饮住宿、交通运输，还是在消费购物、景区服务等方面，都具有很高的水平。

（二）有益的启示

从以上四个世界旅游强国的发展历程和经验中，可以得到如下几点启示：

第一，必须充分发挥市场和政府"两只手"的共同作用。世界上旅游发达的国家，都是成熟的市场经济国家。这些国家的实践有力证明，促进旅游业大发展，必须靠"两只手"。一要靠市场这只"无形之手"，切实让市场在配置资源和企业运行中发挥决定性作用，充分调动市场、企业、社会、个人发展旅游的积极性和创造性；二要靠政府这只"有形之手"，充分发挥政府在旅游业发展中的主导性作用，积极引导、扶持、推动旅游业发展，包括从国家全局动员各方面力量参与旅游业，及时制定各种促进旅游业发展的计划、规划、政策和法律法规制度，加强和创新旅游市场监管。"两只手"各展其长，相互配合，相得益彰。

第二，必须高度重视对旅游资源保护和有效利用。世界旅游强国都十分注重对旅游资源的保护。要坚持保护资源优先，切实加强对自然景观、文物资源的保护，对旅游资源开发利用应着眼于保护好自然风貌和历史原貌。文物资源开发利用必须制定科学开发和保护的方案，切实落实保护措施。建立旅游资源开发回报机制，制定有效的政策措施，鼓励个人以修建私人博物馆等形式参与文物资源保护。

第三，必须着力提高历史与文化内涵。世界旅游强国都是重视文化旅游的国家。要切实把中华文化作为旅游发展之魂和核心竞争力。我国可用于旅游产品开发的历史与文化资源极为丰富，要更加注重发挥中华传统文化在旅游业发展中的重大作用，积极发掘开发文化旅游产品。要注重保护和弘扬民族优秀文化，特别要保护和发掘世界级遗产文化，提高旅游产品的历史文化含量，让优秀传统文化焕发新的光彩。要提高民间艺人的地位，协助他们挽救和挖掘散落于民间的传统文化。要强化文物保护。这样，我国的旅游业才能真正长盛不衰，也才能提高国际吸引力、竞争力。

第四，必须大力加强旅游基础设施和配套设施建设。世界旅游发达国家无不重视旅游交通等基础设施和配套设施的建设。要加大政府对旅游业发展的投入。着力改善交通条件，切实加强旅游景区的基础设施建设和环境整治。要加强旅游专用公路、旅游区停车场和公共汽车站的建设，提高旅游目的地的通达能力。同时，要加强景区的水、电、路和卫生、安全等基础设施建设，努力改善景区的综合环境。新景区景点的开发建设，首先要完善水、电、路、安全以及资源环境保护设施，避免因配套设施滞后造成对旅游资源的破坏。

第五，必须注重提高旅游环境和服务质量。世界旅游发达国家都是注重提升旅游环境和服务质量的国家。要着力创造舒适的旅游环境，为国内外游客提供方便、快捷、现代化的旅游信息服务。加强旅游行业管理，营造良好的旅游市场秩序。要规范旅行社、导游人员等各类经营单位和个人的经营和服务行为。要重视发挥旅游行业协会组织的作用，推动旅游行业自律。标准是质量水平的体现，也是竞争力大小的标志，要积极借鉴国际上旅游业实行行业标准化管理的经验，进一步完善我国的旅游区、旅游设施、旅游服务等方面的国家标准，对开展旅游经营活动的住宿设施、景区景点，积极推行全国旅游标准化管理。

第六，必须健全旅游业发展的支持体系。特别要在财税、金融、土地、出入境等方面实行扶持政策；同时，加紧研究实行疏导分散旅游客流的政策和休假制度，解决游客短时间过分集中对旅游资源破坏和危及旅游安全的问题。

四、我国全面建设世界旅游强国的机遇与挑战

（一）战略机遇

从国际方面看：

第一，世界旅游业持续发展和中心东移，将为我国旅游业发展提供较好的外部环境。总的看来，今后一个时期，全球经济会逐步回升，世界旅游业可望保持较快发展，也会为我国旅游业的持续发展创造更好的条件。据世界旅游组织预测，到 2030 年，全球国际旅游人数将达到 18 亿人次，亚太地区的市场份额将从 2010 年的 22% 上升到 30%，以中国为代表的东亚地区将成为全球最多旅游者到访的地区之一。未来时期，我国旅游业发展空间更大。

第二，经济全球化持续深入发展，势必带来旅游发展全球化。国外先进的旅游业经营管理理念、标准、方式、手段将会越来越多地被引入到国内，从而带动旅游业整体发展水平的提升。同时，外国游客更多地到访中国，会不断提高我国旅游业的国

际化标准和国际化水平。近日，多国联手制定中国游客服务标准，即首个由联合国世界旅游组织支持，经美国、加拿大、澳大利亚、英国、欧盟国家等多国政府审核和监督的国际标准服务质量认证体系的发布，中国游客出境旅游有望获得更加便捷舒适的体验。

第三，互联网等信息技术创新进步，为我国旅游业创新发展增添巨大动力。运用互联网、大数据等信息化新技术、新装备，改造和提升旅游业，正在成为世界旅游业发展的新趋势。在这一进程中，不仅会创造出大量新的旅游业态和新的旅游需求，引导新的旅游消费，还将极大地推动服务方式创新和商业模式创新，推动旅游业服务管理流程再造，将极大地提高旅游业的信息化、现代化水平。

从国内方面看：

第一，我国极其丰富的旅游资源和已形成的发展能力，为全面建设世界旅游强国奠定了坚实的基础。中国幅员辽阔，历史悠久，文化多样，自然和人文旅游资源得天独厚。截至目前，我国已有京剧、中医针灸、活字印刷术等 38 个项目入选联合国教科文组织非物质文化遗产名录，是目前世界上拥有世界非物质文化遗产数量最多的国家。周口店北京猿人遗址、敦煌莫高窟、九寨沟风景名胜区等48处自然文化遗址和自然景观列入《世界遗产名录》，是世界遗产数量第二多的国家，仅次于拥有50个世界遗产的意大利。安徽黄山世界地质公园、湖南张家界地质公园、内蒙克什克腾世界地质公园等33处地质公园进入联合国教科文组织世界地质公园网络名录。我国森林、湿地资源丰富，目前大陆地区已建立45个国家重要湿地，577个湿地自然保护区，979个湿地公园和819处国家级森林公园。我国还有众多的像丽江、凤凰、乌镇、周村、宏村等历史文化悠久的古镇资源，以及长城、故宫、承德避暑山庄、长江三峡等世界著名的名胜古迹。截止2015年7月，全国共有5A级景区212处、4A级景区2491处、3A级景区2484处、2A级景区1665处、1A级景区122处。这些对国内外游客具有巨大的吸引力。经过几十年的努力，我国已建成旅游大国的发展能力，旅游治理能力明显提高。

第二，我国经济发展进入新常态和健康运行，将为全面建设世界旅游强国开拓广阔的道路。我国经济发展转入新常态，意味着整个经济向形态更高级、结构更合理、服务业占主导地位的发展阶段演变，旅游业的战略地位和支柱作用更加凸显。按照国际上旅游业发展的一般规律，人均 GDP 达到5000 美元时，旅游业进入爆发性增长期。2014 年，我国人均 GDP 已超过 7500 美元。随着经济持续发展，城乡居民收入不断增加，全国 13 亿多人口，又处在消费结构升级的阶段，消费需求趋向个性化、精致化、体验化，旅游休闲日趋成为居民生活的基本需要，旅游业作为先导性、引领性现代服务业，作为资源节约型、环境友好型产业，作为关联性、渗透性极强的行业，有着巨大而丰富的市场需求和发展潜力。

第三，我国全面深化改革开放，将为全面建设世界旅游强国注入强大动力和活力。随着全面深化改革的推进，旅游业改革进程也将加快，旅游市场体系将更加完善，旅游市场主体更加成熟，旅游管理体制不断创新，妨碍旅游业发展的制度弊端逐渐革除，会进一步解放和发展旅游生产力。随着对外开放的进一步扩大，将会充分利用国际国内两个市场、两种资源发展旅游业，也会促进我国与其他国家（地区）、国际组织的旅游交流合作。

第四，我国社会政治制度的特有优势，将为全面建设旅游强国提供根本保障。中国特色社会主义道路、理论、制度不断成熟，共产党领导坚强有力，社会大局保持和谐稳定。这些是旅游业持续稳定发展的政治条件和社会环境。

（二）严峻挑战

从国际上看：

第一，全球经济发展的不确定因素增多。国际金融危机影响深远，国际经济回升缓慢，动力不足，今后一个时期，我国旅游业发展的外部环境更趋复杂。

第二，国际自然灾害和突发事件不可预见。近些年来，国内外各种自然灾害和突发事件明星增多，传统和非传统安全因素影响增大，对旅游业发展产生较大冲击。未来时期，可以预见和难以预见危及公共安全的事件，仍将影响旅游业的正常、较快发展。

第三，许多国家都在提升旅游竞争力。不少国家旅游企业的品牌优势明显强于我国。我国旅游企业没有建立起庞大高效的服务体系，在与国外的旅行社集团竞争中处于明显劣势。我国的旅游产品存在产品结构单一、模仿性强、品牌效应弱等问题；而且缺乏国际标准化的旅游服务，航班正点率、饭店管理水平、服务质量等方面亟待改善。

从国内看：

第一，旅游资源环境保护的压力增大。我国旅游业的快速发展带来了大规模的景区建设、景区游客规模迅速扩张，但这是一种低层次、粗放式发展，使不少地方由于盲目开发、过度开发，资源条件和环境容量的压力明显增大，实现旅游业可持续发展难度加大。

第二，旅游业供需结构性矛盾突出。交通等旅游基础设施建设和公共服务体系建设仍然明显滞后。不少旅游景区外部可进入性较差，断头路较多；景区内部游客中心、标示系统、安全等人本化、个性化的公共服务设施不足。旅游基础设施依托性的多、专门性的少，缺乏整体规划建设。总体旅游供给不足，结构性矛盾突出，度假休闲和个性化旅游产品少，不能有效满足旅游者多样化需求。

第三，旅游业创新能力不强。旅游系统普遍存在重建设、轻管理，重硬件、轻软件，重规模、轻质量，重开发、轻保护等问题。文化资源发掘不够，精品项目不多。生态旅游、低碳旅游还没有成为广大旅游者的自觉行为。旅游业科技含量不高，特别是在运用信息技术提升旅游业水平、提高旅游业生产力方面，知识不足、能力不足、人才不足。

第四，旅游业发展体制机制仍存在不少弊端。各级旅游业管理缺乏综合协调机构和机制。旅游统计制度和体系不健全。旅游系统治理体系和治理能力不能适应旅游业繁荣发展的要求。

以上可以看出，在未来通向全面建设世界旅游强国的道路上，机遇与挑战并存，机遇大于挑战。只要我们切实和抓住用好机遇，善于应对困难和挑战，就一定能实现全面建成世界旅游强国的宏伟目标。

五、全面建设世界旅游强国需要实行的发展战略和重大举措

为了把我国全面建设成为世界旅游强国，需要站在时代制高点，顺应世界发展潮流，把握国家未来中长期发展大势，以战略思维、辩证思维、创新思维，搞好顶层设计、全面规划，特别要研究制定和实施全面建设世界旅游强国的国家战略和重大举措。这里提出以下九个方面，供研究参考。

（一）实行全面建设世界旅游强国战略，把促进旅游业发展作为重大国策

旅游业关联度强、功能性多，旅游不仅具有经济价值、投资价值、消费价值、休闲价值，而且还有政治价值、文化价值、生态价值、社会价值，与中国特色社会主义各项事业、各个领域紧密相连，在经济建设、政治建设、社会建设、生态文明建设中，在对接、服务国家大局和公共外交、提升国家国际地位和软实力方面，都可以发挥独特的、十分重要的作用。特别是在当前国际新形势和国内经济

发展进入新常态下，旅游业承载着更多更大的使命，已经成为就业创业、出口创收以及拉动基础设施和公共服务建设、促进投资和消费、稳定增长和调整结构的关键驱动力。据世界旅游组织统计，旅游业每收入1元，可带动相关产业增加收入4元以上，旅游业能够影响、带动和促进与之相关联的100多个行业发展，包括民航、铁路、公路、餐饮、住宿、商业、通信、会展、博览、文化、娱乐、体育等。党中央、国务院十分重视旅游业发展，特别是近年来连续出台了一系列推进旅游业发展的重要措施。在国家出台的改革与建设规划中，都更加重视发挥旅游系统的作用，进一步凸显旅游业在国家发展全局中的战略地位。

从世界上看，为了充分发挥旅游业的战略性支柱性作用，不少国家都实行了相应的国家战略。例如，上世纪90年代初，日本经济泡沫破灭，进入"大萧条"时期，日本政府明确提出"观光立国"战略，舒缓了经济困局。2012年，美国发布《国家旅游发展战略》，确定战略任务。南非把旅游业作为"国家优先"发展产业，加速发展旅游业。

2014 年 6 月，俄罗斯也制定颁布《2020 年前旅游发展战略》，明确把旅游发展融入经济和社会发展各个领域。

鉴于当今世界形势的新变化和我国社会经济发展进入新阶段，为使旅游业呈现出一系列新特点新作用，有必要重新界定旅游业在国家发展中的地位，明确把全面建设旅游强国作为国家重大战略。为此，建议：

（1）从国家层面制定和实施全面建设世界旅游强国战略，把优先发展旅游业作为重大国策，提升旅游业战略定位，明确发展旅游业战略思想、战略目标、战略任务、战略方针和战略举措。当前，首先要按照中央的要求，抓紧制定体现新的发展理念、发展格局的旅游业发展"十三五"规划。在制定和实施"十三五"旅游业发展规划的基础上，抓紧研究制定到 2050 年旅游业长远发展战略纲要，以更好引导全国各方面的思想和行动。

（2）更大程度地实施融合发展战略，将旅游发展有机地融入"四个全面"（全面建成小康社会、全面深化改革、全面推进法治、全面从严治党）战略布局、"五位一体"建设（经济建设、政治建设、文化建设、社会建设、生态文明建设）总体布局和"五化"（中国特色新型工业化、信息化、城镇化、农业现代化以及城乡一体化）同步布局，渗透于、服务于改革开放和现代化建设各个领域、各个方面。

（3）建议在适当的时机，由中央召开一次全国旅游工作会议，请各地方、各部门主要负责人参加，专门研究解决建设世界旅游强国面临的重要问题，研究确定旅游业改革发展的重大战略、重大任务、重大政策，使建设世界旅游强国重大战略和国策变成全党全国的普遍共识和自觉行动。在我们国家，共产党领导是独特的政治优势，只有加强党的领导，才能形成举国之力解决好涉及全局发展的重大问题。这也是我国长期以来特别是改革开放以来党领导社会主义现代化事业发展的一条重要经验。

（二）实行旅游业转型升级战略，着力增强旅游产品国际竞争力

坚持树立科学旅游观，大力转变旅游发展方式，走旅游科学发展之路。要以转型升级、提质增效为

主线，推动旅游由主要观光向观光、休闲、度假并重转变，满足多样化、多层次的旅游消费需求；推动旅游发展由粗放型向集约型转变，更加注重旅游资源、生态环境保护和资源节约，更加注重文化传承创新，实现绿色发展、清洁发展、可持续发展；推动旅游服务由应付接待向优质、便利、高效、安全、文明发展转变，实现旅游标准化、优质化、规范化服务。

（1）制定和实施旅游国际竞争力提升规划。围绕全面建成世界旅游强国，系统提出增强我国旅游国际竞争力的战略任务和战略举措。包括显著提升我国旅游硬实力和软实力，明显改善我国旅游的硬环境和软环境，全面提升我国旅游整体素质和水平。

（2）制定和实施《旅游业质量提升发展纲要》。全面提升旅游品质。包括加强旅游资源保护，创新旅游产品品牌，提高旅游服务质量，优化旅游环境，提升旅游文明素质等，标本兼治，重在治本，并把落实旅游业质量长远发展规划与解决当前旅游业发展质量中的突出问题结合起来。

（3）大力开发国家旅游精品。旅游精品是指功能独特、特色鲜明、质量上乘、服务周到、生命周期长，文化要素含量高，竞争力强、知名度、美誉度、市场占有率高的旅游产品。我国是旅游资源大国，但旅游精品不多，要强化旅游精品意识，积极实施旅游精品战略，着力培育一批享誉世界的旅游名品、精品和绝品。

打造中国特色旅游目的地品牌。通过精心创意和策划，以特色化、品牌化、国际化、系列化为目标，构建中国国际旅游目的地系列品牌。可以结合传统文化资源打造既有民族文化底蕴，又富有时代精神的旅游精品。要充分运用我国历史文化传统丰富悠久的优势，发掘各族人民世代相承、与群众生活密切相关的各种传统文化形式，使之成为我国旅游产品的重要资源。包括：编制和实施好黄河、珠江旅游经济带，东北旅游经济圈以及武夷山、大别山、罗霄山等重点旅游经济圈规划，努力打造好丝绸之路旅游带、长江旅游带、黄河旅游带、环渤海旅游线、长江三角洲旅游线、珠江三角洲旅游线等国家旅游精品线路。要把握旅游发展特点和规律，发挥文化和创意的决定性作用，多维度打造目的地产品。

打造世界级知名旅游目的地。要充分依托主要城市（群）、大型旅游区、度假地以及有条件的特色城镇，按照世界级优秀旅游目的地标准，形成功能完善、特色鲜明、类型各异、布局合理的旅游目的地体系。例如，要打造一批世界一流旅游城市，以北京、西安为中心，打造集中展现东方文化中心城市；以上海、广州、深圳为中心，建设时尚文化旅游目的地城市；以三亚、杭州、成都、大连、厦门、宁波、青岛为中心，打造现代休闲目的地城市。旅游产品是诸要素的有机结合体，开发旅游精品，必须实现旅游产品的整体优化，提高旅游产品的综合配套水平。

打造高体验式旅游目的地创新产品。传统的旅游方式一般是引导游客参观景点、浏览名胜古迹，基本上以视觉欣赏为主，游客在旅游中拍几张照片，买点纪念品，缺乏深度收获。体验旅游是便于一站式深度消费的定制品。它通过与旅游地居民的接触，对当地的文化和生活方式进行充分感受，让自己融入其中，解读当地的文化特色、人文特色、风俗习惯，获得身临其境的感觉，形成难以忘怀的体验和回忆。例如：山东威海华夏文化旅游集团推出的"神游华夏"，是世界首部360度全方位山水实景演出，每晚两场，演出利用当地地形地貌，通过开天辟地、寻祖溯源、天地和谐等七个篇章及七个真山真水的舞台变换，深度展现了博大精深的华夏文明，令人震撼。在天下名山泰山天烛峰景区，打造了全球顶级声、光、电震撼盛宴，每天晚上《中华泰山·封禅大典》的实景演出，使游客享受到穿越几千年历史时空的王朝皇帝封禅、祭祀体验，映现秦、汉、唐、宋、清朝中一段历史时期社会经济发展的盛况，给现场观众以亲临其境之感。这些实景演出的社会效果都很好。美国《金融时报》等机构抽样调查发现，2015年中国出境游客中，比较富裕的游客把"体验"置于购买奢侈品之上。大量现象说明，目的地产品正在演化为旅游者的首选。

（4）全面提升国家旅游文化软实力。完善国家旅游宣传推广体系，把国家旅游形象宣传纳入国家整体形象宣传工作计划，全面提升中国国家整体旅游形象。建议加快建设世界一流的旅游网站，推介和提升国家旅游整体形象。近几年来，很多省级、市级都在中央电视台"朝闻天下"节目中推介形象，例如："好客山东""江西风景独好""多彩云南""大美青海""美好江苏"等，效果都很好。同时，要在全社会大力倡导健康旅游、文明旅游、绿色旅游，使城乡居民在旅游活动中增长知识、开阔视野、陶冶情操。景区景点、宾馆饭店和旅行社等旅游企业都要引导游客文明出行、文明消费。在出境旅游中，要维护良好的对外形象，做传播中华文明的使者。

在实施国家旅游精品战略中，要精心规划一批重点实施的旅游产业龙头项目，包括投资规模大、外向型、吸引力强、效益好的综合性旅游产业项目；还要优先发展一批特色旅游支撑重点项目，包括主题公园、主题度假区、特色休闲区、生态旅游区、红色旅游区、养生养老园区、特色旅游村镇、中华老字号项目、文化创意项目等。只有这样，才能开发和形成旅游发展的战略抓手和战略平台。

（三）实行创新驱动发展战略，着力推行"互联网＋旅游"

习近平总书记指出，"实施创新驱动发展战略决定着中华民族前途命运，要紧紧抓住和用好新一轮科技革命和产业变革的机遇，把创新驱动发展作为面向未来的一项重大战略实施好，加快建设创新型国家"。旅游是创新创意性很强的产业，科技创新成为旅游业向现代服务业转型升级的新动力，是现代科技手段应用最广泛、最前沿、最密集、最活跃的领域之一。要坚持科技兴旅，通过研究、开发、工程化、商品化、产业化和加强科学管理，不断提升旅游的科技含量。推行创新驱动、创意领先的理念，加强传统旅游发展模式的创新和改造，创新旅游产品、创新旅游产业链、创新旅游业态。特别要加强互联网、大数据等信息技术的应用，发展智慧旅游，提升旅游服务和旅游管理的智慧化程度以及智能化水平。

近年来，全国各地都在加快推进"互联网＋旅游"的创新发展。例如：湖南省把加快智慧旅游建设作为建设旅游强省的十项重点工作之一，推动了全省旅游在线服务、网络营销、网上预订、网上支付等智慧服务，并于2015年2月正式试运营湖南旅游电子商务平台，实现旅游管理、营销、服务等全面升级的智慧旅游生态圈。一是为旅游出行提供准确的、权威的旅游六要素信息，实现导游、导视、导购等智慧服务；二是为旅游景点、企业提供全面展示、自我推广的智慧营销平台；三是为行业主管部门提供大数据分析、市场决策、行业指导的智慧管理平台，收到良好的效果。

以互联网为代表的现代科技深刻改变了旅游业。当前迫切需要加快构建现代旅游创新体系，大力推进协同创新，加快推进建设国家旅游创新体系。以"互联网＋旅游"建设为抓手，快速稳步推进旅游强国建设。我国旅游业将由大到强、由快到好，这就要求全面构建开放包容的"互联网＋旅游"发展环境，持续提升"互联网＋旅游"创新能力，积极开展"互联网＋旅游"创新试点示范，支持引导"互联网＋旅游"新业态发展。

积极推动在线旅游平台企业的发展壮大，整合上下游及平行企业的资源、要素和技术，形成旅游业新生态圈，推动"互联网＋旅游"的跨产业融合。支持有条件的旅游企业进行互联网金融探索，打造在线旅游企业第三方支付平台，拓宽移动支付在旅游业的普及应用，推动境外消费退税的便捷化。加强与互联网公司、金融企业合作，发行实名制国民旅游卡，落实法定优惠政策、实行特惠商户折扣。放宽在线度假租赁、旅游网络购物、在线旅游租车平台等新业态的准入许可和经营许可制度。全国4A级以上景区和智慧乡村旅游试点单位实现免费Wi-Fi、智能导游、电子讲解、在线预订、信息推送等功能的全覆盖，在全国打造万家智慧景区和智慧旅游乡村。

一是借力"互联网＋旅游"，打造国际旅游城市，将旅游城市核心资源互联网化，旅游城市便可向世界展示城市精髓，吸引世界游客，促进建设"世界旅游目的地"。第一步，是快速实现城市旅游的产品、购物、服务和营销等全面执行国际惯例和标准体系，融入国际旅游市场产业链。第二步，是通过智慧旅游建设实现从国际区域旅游目的地向世界旅游目的地转变，以亚洲游客中心、文化旅游产品和跨区域合作平台为建设目标。通过智慧旅游平台建设，大力引进国际旅游组织和知名旅游运营商、品牌连锁酒店，并在第一时间为多个旅游城市、旅游目的地提供分享与对接。

二是借力"互联网＋旅游"，打造国际旅游企业，促进旅游业创新，为游客打造新的生活方式。"互联网＋旅游"将打破传统的涉旅企业，全方位推动旅游企业迅速发展。进一步加强旅游企业软实力的同时，将旅游产业链上的旅游企业"智慧旅游"化，形成旅游企业国际大数据，打造国际化信用服务、放大 72 小时过境免签政策的吸引力效应等方面进一步创新。

三是借力"互联网＋旅游"，打造国际旅游目的地，促进旅游目的地走出国门，跨国分享。构建"智慧旅游"下国内外游客的中国之旅：游客在机场落地收到旅游目的地的智能欢迎短信，走出机场已经有通过智慧旅游平台订好的专车等在那里，直接载客人到之前预定的最优酒店，轻松入住。再进入智慧旅游平台，根据点评结果，选定最合适的订制自由行，并在实际旅游过程中尽享智慧旅游平台中评价最优的美食并购物。最后，旅游者还要在智慧旅游平台上分享自己的旅游经验和感受，为更多游客提供借鉴。无论是国内还是国外游客，均能跨文化交流。

四是借力"互联网＋旅游"，打造国际旅游景区，促进旅游景区国际品牌建设，提高国际游客满意度。景区通过"智慧旅游"为不同母语的国际游客提供不同语言的导游服务，通过大数据建设对游客类型、游客行为、人体行为的分析，建立合理的公用设施规划分布，可以在节约规划成本的同时，更加符合游客一般的生活、旅游习惯。比如，通过微博微信等社交平台的大数据，分析用户对某种旅游设施的喜好度，结合设施的使用情况进行游玩排序推荐，提高用户游玩效率和满意度。

在"十三五"期间，应着力打造"互联网＋旅游"的重大基础工程，包括旅游区、旅游节、互联网基础设施建设工程，以及智慧旅游示范工程。

互联网拓展了旅游的开放程度，拓宽了旅游的开放广度。旅游的开放与兴盛，也在延伸着互联网的新业态空间，完善着互联网的新生态体系。要通过"互联网＋旅游"建设，加快形成一批世界级旅游城市、世界级旅游企业、世界级旅游目的地、世界级旅游景区，为我国世界级旅游院校、世界级旅游专家的打造奠定坚实的基础，使我国各旅游城市、旅游目的地、旅游景区在全世界形成旅游品牌。

（四）实行充分发挥旅游优势战略，着力推进区域旅游特色化发展

中国幅员辽阔，各区域各地方旅游资源禀赋不同，季节变化和气候也不相同，旅游环境和旅游产品也不一样。要坚持从各地实际出发，充分发挥优势，突出发展重点，打好特色品牌，促进各区域旅游业扬长避短，优势互补。一是大力推进旅游强省战略。省级层面是统筹旅游产业发展的关键环节，是推进旅游管理体制改革创新的突破口。截至 2014 年底，全国已有 31 个省（自治区、直辖市）把旅游业定位为支柱产业，其中 24 个省级定位为战略性支柱产业，已有 12 个省区市提出旅游强省（区）的战略，旅游业成为新常态下经济增长的重要驱动力。二是大力推进旅游强市战略。加快推进世界级旅游城市建设。城市是建设旅游目的地的主要依托，建

议恢复中国优秀旅游城市创建工作。要大力发展特色旅游城镇，推动新型城镇化建设与现代旅游产业发展有机结合，建设一批集观光、休闲、度假、养生、购物等功能于一体的全国特色旅游城镇和特色景观旅游名镇。三是要加快建设旅游强县，县级也是统筹整合资源推进旅游发展的重要关节，要以大力推进全域旅游为抓手，大力推进旅游强县建设。四是加快推进国家A级景区建设和旅游度假区创建，建设丰富多彩的旅游产品体系。五是以"特色化、品牌化、国际化、系列化"为目标，构建系列品牌。选择不同类型特色品牌类型，以目的地城市政府为主体进行创建试点，形成调动地方党委、政府发展旅游积极性的新抓手。要充分依托主要城市（群）、大型旅游区、度假地以及有条件和特色的城镇，发挥旅游交通、旅游资源、接待设施集中度高的优势，按照国家优秀旅游目的地标准，打造一批旅游城市、环城市旅游度假带、旅游县域和旅游乡镇，形成功能完善、特色鲜明、类型各异、布局合理的旅游目的地体系。

　　建设世界旅游强国，必须集中力量规划好、建设好具有世界吸引力、世界影响力、世界竞争力的旅游核心区。一是要从全面建设世界旅游强国的大局出发，根据我国各地旅游资源分布和旅游产品的突出特色，在全国范围内统筹规划和实施若干个跨行政区域的国家级和世界级旅游区、旅游圈、旅游带、旅游长廊，实行倾斜支持政策。例如，河南省旅游局提出一个建议，就是在国务院有关文件中确定中原经济区为"华夏历史文明传承创新区"的战略定位和建设"中原历史文化旅游区"的基础上，提出建设"华夏文明探源国际旅游区"的建议。这个国际旅游区的空间框架建议为"一心三带"，即核心区是河南全省域，沿黄（河）华夏文明旅游带、京广（线）历史文化旅游带、秦岭——淮河历史文化旅游带。这些地带是华夏文明发源地，历史文化旅游资源丰富，红色旅游资源多。这个建议值得重视。还可以在其他旅游资源富集的地区，规划和建设具有鲜明特色的旅游圈、旅游带，使其发挥辐射和带动作用。二是要充分对接"一带一路"战略，将"一带一路"建设成为世界精品黄金旅游带，将旅游培育成为"一带一路"战略实施的先导产业，实现旅游先通。三是要做好与长江经济带的对接，将长江经济带规划建设成为黄金旅游带，成为统筹中东西旅游发展的枢纽。四是要做好与京津冀协同发展战略的对接，建立京津冀大旅游格局，将旅游业作为推进京津冀协同发展的战略纽带和优势产业，将京津冀建设成为世界旅游目的地。五是要充分发挥香港、澳门的独特作用，要大力推进粤港澳区域旅游合作升级创新。要充分发挥台湾的独特作用，大力促进海峡旅游合作升级创新。发挥旅游在"两岸四地"合作中的重要作用。发挥旅游对台港澳工作的独特作用，推进两岸关系和平发展和祖国统一大业，为香港、澳门的长期繁荣稳定服务。可以探索成立"两岸四地"旅游协作发展委员会，建立长效工作机制。可以探索在海西、珠三角等地区建设"两岸四地"无障碍旅游区，先行试点。

（五）实行"旅游＋"战略，着力拓宽旅游业发展空间

"旅游＋"战略即大旅游战略，是建设世界旅游强国的重大战略。"旅游＋"是旅游业创新发展的方向。培育和壮大旅游产业，拓宽旅游

产业链，关键是做好做足"旅游＋"这篇大文章。当前，国家整体发展为"旅游＋"创造了条件。通过实施"旅游＋"，我国旅游业将经历一个大调整、大变革、大跨越的过程，进而实现从数量增长到质效提升、从粗放经营到集约发展，从追求经济效益到注重社会效益、环境效益的大变化，向旅游强国稳步迈进。

同"互联网＋"一样，"旅游＋"具有"搭建平台、提升价值、促进共享、提高效率"的功能。"旅游＋"有四个鲜明特征：第一，"旅游＋"由需求拉动、市场推动，为所"＋"各方搭建巨大的供需对接平台。第二，"旅游＋"创造价值、放大价值，不是简单机械的"1＋1＝2"，而是有机融合、化学反应，产生"1＋1＞2"的效果。第三，旅游是人本经济，"旅游＋"的核心是人的发展，是可以广泛参与、广泛受益、广泛分享的过程，能够激发全社会的创造活力。第四，旅游无边界，"旅游＋"具有天然的开放性、动态性，其对象、内容、方式多种多样且不断拓展丰富。经济社会越发展进步，"旅游＋"就越丰富多彩。

随着经济社会和旅游业的不断发展，"旅游＋"的内容会越来越多，各地旅游＋的内容也各有侧重，各有特色，需要因地制宜、因时制宜地选择"旅游＋"的优先领域重点突破。具体来说，特别是要着力抓好以下几个方面：

一是大力发展乡村旅游。乡村旅游发展不仅关系到全国 6.7 亿农业人口的福祉，还能提升 7 亿城市人口的生活质量和生活品质。乡村旅游已经成为城镇居民"5+2"生活模式的重要形式，成为国内旅游发展的主要战场。据专家介绍，我国乡村旅游资源占全国旅游资源的 70%，乡村旅游是我国旅游消费中发展最快、潜力最大、带动性最强、受益面最广的一个领域，近年来乡村旅游的人数和收入增长幅度都超过 20%。据统计，2014 年全国乡村旅游特色村超过 10 万个，接待的旅客数量达到 12 亿人次，约占全国旅游接待总数的 1/3，乡村旅游的营业收入达 3200 亿元，带动 3300 多万的农民受益。许多地方已高度重视发展乡村旅游。山东省委、政府近两年来十分重视发展乡村旅游，把推进乡村旅游大发展作为加快旅游强省的重大举措。从 2013

年起，连续 5 年每年拿出 2 亿元资金专项支持，已连续 3 年每年组织 1000 个乡村旅游带头人到韩国和台湾地区培训交流，为 137 个县免费编制乡村旅游规划，每年重点支持一批示范市、县、镇、村，促进了全省乡村旅游持续快速发展；2016 年还将组织 2000 个乡村旅游带头人到日本、韩国、意大利、西班牙和台湾地区作培训交流。山东省重视发展乡村旅游的做法很值得学习借鉴。实践表明，乡村旅游不仅能够有效带动农业增效、农民增收、农村繁荣，而且能够推动农民思想观念、行为方式、生活方式和农村生产组织方式、社会结构等产生重大变革，有力推进农村现代化进程。要大力发展乡村旅游，全面提升乡村旅游发展质量和服务水平，使乡村旅游成为促进农村经济发展、农业结构调整、农民脱贫致富的重要力量，成为建设美丽乡村的重要载体。着力打造农家乐升级版，坚持乡村旅游个性化、特色化发展方向，依托当地区位条件、资源特色和市场需求，挖掘文化内涵，发挥生态优势，突出乡村特点，开发一批形式多样、特色鲜明的乡村旅游产品。推动乡村旅游与新型城镇化有机结合，合理利用民族村寨、古村古镇，发展有历史记忆、地域特色、民族特点的旅游小镇，建设一批特色景观旅游名镇名村，让游客看得见山水、记得住乡愁、留得住乡情。加强规划引导，提高组织化程度，规范乡村旅游开发建设，保持传统乡村风貌。要更加注视旅游扶贫工作，实施"旅游＋扶贫"战略，高度重视发掘贫困地区自然风光、人文景观、民俗文化、着力打造高端、精品、特色旅游产品体系。按照共享发展、全面建成小康社会的要求，加强乡村旅游精准扶贫，扎实推进乡村旅游富民工程，带动贫困地区脱贫致富，更好服务于扶贫攻坚。可以研究制定旅游扶贫专项规划，加大旅游项目建设力度，统筹利用惠农资金加强卫生、环保、道路等基础设施建设，完善乡村旅游服务体系。要加强乡村旅游从业人员培训，鼓励旅游专业毕业生、专业志愿者、艺术和科技工作者驻村帮扶，为乡村旅游发展提供智力支持。

二是要大力发展海洋旅游。海洋旅游是中国旅游未来发展的空间，也是当今世界最热的旅游产品类型。要以邮轮和游艇旅游为突破口，加快海洋旅游发展。从世界范围看，邮轮经济方兴未艾。邮轮可以提供"吃、住、行、游、购、娱"等一条龙服务，大型油轮于 20 世纪 60 年代在美国兴起，之后风靡全球。有人计算过，如果考虑到各项优惠条件，在邮轮上养老比住养老院还舒适、便宜。据悉，日本一些高龄老人每年至少要乘坐一趟邮轮旅游。有关方面测算，到 2020 年，全球邮轮游客数量可达 3000 万人次。要加快推进邮轮旅游产业发展，支持建立国内大型邮轮研发、设计、建造和自主配套体系，鼓励有条件的国内造船企业研发制造大中型邮轮。进一步优化邮轮港口布局，形成由邮轮母港、始发港、访问港组成的布局合理的邮轮港口体系，有序推进邮轮码头建设。培育发展游艇旅游大众消费市场。制定游艇旅游发展指导意见，有规划地逐步开放岸线和水域。推动游艇码头泊位等基础设施建设，吸引社会资本进入；鼓励发展适合大众消费水平的中小型游艇；鼓励拥有海域、水域资源的地区根据实际情况制定游艇码头建设规划。建成一批游艇码头和游艇泊位，形成互联互通的游艇休闲旅游线路网络。

三是大力开展研学旅行。研学旅游是青少年爱国主义和革命传统教育、国情教育的重要载体，能够增进学生对自然和社会的认识，培养其社会责任感和实践能力。小学阶段应以乡土乡情研学旅为主，初中阶段应以县情市情研学旅为主，高中阶段应以省情国情研学旅为主。支持各地依托自身优势，建设一批研学旅行基地，逐步完善接待体系。建立健全研学旅行安全保障机制。旅行社和研学旅行场所应在内容设计、导游配备、安全设施与防护等方面结合青少年学生特点，做到寓教于游。加强国际研学旅行交流，规范和引导中小学生赴境外开展研学旅行活动。

　　四是大力发展老年旅游。为适应我国进入老龄化社会的需求，需要加快制定实施全国老年旅游发展纲要。结合加快养老服务业、健康服务业发展，积极开发多层次、多样化的老年人休闲养生度假产品。各类景区要加强老年旅游服务设施建设，严格执行无障碍环境建设标准，适当配备老年人、残疾人出行辅助器具。鼓励地方和企业针对老年旅游推出经济实惠的旅游产品和优惠措施。大力推动乡村养老旅游发展，鼓励民间资本举办非营利性乡村养老机构。抓紧制定老年旅游服务规范，推动形成专业化的老年旅游服务品牌。鼓励进一步开发完善适合老年旅游需求的商业保险产品。

五是大力发展中医药健康旅游。旅游与体育运动、健康养生的结合潜力巨大，前景广阔。我国应该推出一批以中医药文化传播为主题，集中医药康复理疗、养生保健、文化体验于一体的中医药健康旅游示范产品。可以在有条件的地方建设中医药健康旅游产业示范园区，推动中医药产业与旅游市场深度结合，在业态创新、机制改革、集群发展方面先行先试。扩大中医药健康旅游海外宣传，推动中医药健康旅游国际交流合作，使传统中医药文化通过旅游走向世界。

六是大力发展工业旅游。发挥老牌工业企业、特色工业企业、新兴工业企业的优势和特长，开放多种形式的旅游。青岛啤酒集团开办青啤博物馆，2014 年总收入近 4000 万元，年接待旅客 56 万人次；张裕酒业集团开办酒文化博物馆，2014 年总收入3300 万元，接待游客 23 万人。这些都收效显著。同时，发展旅游装备制造业。把旅游装备发展纳入相关行业发展规划，制定完善安全性技术标准体系。鼓励发展邮轮游艇、大型游船、旅游房车、旅游小飞机、景区索道、大型游乐设施等旅游装备制造业。大力培育具有自主品牌的休闲、登山、滑雪、潜水、露营、探险等各类户外用品。支持国内有条件的企业兼并收购国外先进旅游装备制造企业，或者开展合资合作。鼓励企业开展旅游装备自主创新研发，按规定享受国家鼓励科技创新政策。

七是大力加强旅游基础设施和公共服务设施建设。(1) 加快旅游交通等基础设施和配套建设。重点建设旅游道路、景区场车场、游客服务中心、旅游厕所、供水供电、应急救援、旅游安全、资源环境保护、安防消防、以及垃圾污水处理等基础设施，支持重点旅游线路建设自驾车营地。厕所状况是旅游景区文明程度的集中反映，要大力开展全国旅游厕所革命和实施旅游厕所改扩建工程，鼓励以商建厕、以商养厕、以商管厕，尽力实现全国各地旅游景区、景点，旅游交通沿线、旅游集散地的旅游厕所全部达到数量充足、干净无味、实用免费、管理有效的要求。去年国家旅游局提出开展全国旅游系统厕所革命以来，特别是习近平总书记今年4月1日专门就厕所革命作出重要批示以后，各级政府加大了厕所革命的推进力度。据统计，到9月25日，全国已开工建设旅游厕所共17557座，已竣工9522座。这方面还要下更大的气力，坚持不懈地抓好、切实抓出成效。(2) 构建方便、快捷、安全、舒适和完善的现代旅游交通服务体系，加强主要景区连接交通干线的旅游公路建设，加快推进中西部支线机场建设，完善旅游航线网络，对接航空、高铁等现代高速交通体系。(3) 加快旅游便利服务体系。建立健全旅游信息服务平台，加强旅游公共服务信息的披露和发布，加强旅游保险服务，建立健全国内旅游安全保障体系和机制，推动建立综合旅游服务紧急救援体系，完善以旅游预警为重点，包括签证边检、信息提供等内容在内的出境旅游公共服务体系。

（六）实行人才强旅战略，着力构建强大的旅游教育体系和人才队伍

旅游人才是旅游业发展的首要资源，加快人才

开发是繁荣发展旅游业根本所在。建设一支高素质旅游人才队伍是旅游工作的当务之急，已成为在激烈的国际竞争中赢得主动权的重大战略选择。

一要以旅游业各类领军人才为重点，着力提高旅游人才素质，加快培养适应市场需求的各类旅游人才，建设以旅游行政管理人才、旅游经营管理人才、旅游专业技术人才、导游人才、旅游技能型人才、乡村旅游服务人才为核心的人才队伍体系。围绕提高旅游服务质量，以旅游基础服务人才为重点，努力提高旅游基础服务人才的素质。围绕旅游行业出现的新兴行业和专业，以满足旅游新业态所需人员的数量和质量为重点，加速培养旅游新业态所需专业人才。围绕旅游事业长远发展，以适应旅游业高速发展、旅游企业迅猛扩张的趋势，造就旅游业各类领军人才。围绕政府职能转变，以提高旅游行政管理能力为核心，造就一批具有旅游业发展的大局意识、国际视野、专业素质和服务意识的旅游行政管理人才队伍。围绕提升企业竞争力，以提高现代经营管理水平为核心，以企业家和职业经理人为重点，加快提升旅游企业经营管理人才的素质，培养造就一大批具有全球战略眼光、市场开拓精神、管理创新能力和社会责任感的优秀企业家和一支高水平的企业经营管理人才队伍，推进旅游企业经营管理人才的职业化、市场化、国际化建设。适应现代服务业发展的需求，以提高专业水平和创新能力为核心，以旅游行业紧缺人才和高层次人才为重点，打造一支高素质的旅游专业技术人才队伍。围绕提升客户满意度，以提高导游人才素质和能力为重点，扩大高层次导游人才的数量，改革和完善导游等级制度，规范和加强导游人才队伍建设。围绕适应旅游产业结构优化升级的要求，以提升职业素质和技能为核心，以宾馆饭店、旅行社、旅游景区等旅游企业一线技能服务人员为重点，培养一支门类齐全、技艺精湛的高技能人才队伍。围绕社会主义新农村建设，以提高科技素质、职业技能和经营能力为核心，以乡村旅游干部、带头人、乡村旅游能工巧匠传承人、业主为重点，培育一支服务农村经济社会发展、数量充足的乡村旅游实用人才队伍。要广泛开展更加有吸引力、更加有市场需求的人才培训。

二要构建体系完备的旅游教育体系，推动学历教育和非学历教育协调发展，职业教育和普通教育相互沟通，职前教育和职后教育有效衔接。加强旅游学科建设，协调教育部门制定有利于提升旅游人才培养质量的教育政策，优化旅游专业体系和课程设置，提升旅游学科地位，积极培养旅游教育教学骨干、学科带头人。建立和完善旅游职业资格和职称制度，设立旅游高级职称系列。创新旅游人才培养模式，建立学校教育和实践锻炼相结合的开放式培养体系。深化旅游高等教育改革，全面提升旅游高等教育质量，加快发展旅游专业学位教育，促进多学科交叉和融合，扩大应用型、复合型、技能型人才培养规模。创立高校与科研院所、行业、企业联合培养旅游人才的新机制。依托国家重大科研项目和重大工程、重点学科和重点科研基地、国际学术交流合作项目，建设一批高层次创新型旅游人才培养基地。加强旅游就业创业教育和就业指导服务，积极推动校企合作、校企融合。按照统一标准和区域分布，规划建设一批全国旅游教育培训基地和旅游人才开发示范基地。

三要大力发展旅游职业教育，培育旅游职业经理人市场，满足对高素质旅游技能型人才的需要。建立健全政府主导、行业指导、企业参与的旅游职业教育办学机制，制定促进校企合作办学法规，推进校企合作制度化。积极推动教师队伍和实训基地建设，建立健全职业教育质量保障体系，吸收企业参加教育质量评估，提升旅游职业教育基础能力。加大对旅游职业教育的财政投入。制定优惠政策，鼓励企业接收旅游职业实习实训和教师实践，鼓励企业加大对旅游职业教育的投入。建立旅游健全技能型人才到职业学校从教的制度。完善符合旅游职业教育特点的教师资格标准和专业技术职务（职称）评聘办法。统筹旅游中等职业教育与高等职业教育发展，促使旅游职业教育规模、专业设置与经济社会发展需求相适应。推行学历证书和职业资格证书双证书制度，推进职业学校专业课程内容和职业标准相衔接。建立健全旅游职业教育课程衔接体系，鼓励毕业生在职继续学习，完善旅游职业学校毕业生直接升学制度，拓宽毕业生继续学习渠道。健全旅游继续教育激励机制，构建网络化、开放式、自主性继续教育体系，推进旅游继续教育与工作考核、岗位聘任（聘用）、职务（职称）评聘、职业资格等人事管理制度的衔接，鼓励旅游从业人员采取多种形式接受继续教育，支持用人单位为旅游从业人员接受继续教育提供条件。鼓励学校、科研院所、企业等相关组织开展旅游继续教育。大力发展现代远程教育，建设以卫星、电视和互联网等为载体的远程开放继续教育及公共服务平台。建立旅游继续教育学分积累与转换制度，实现不同类型学习成果的互认和衔接。

四要加强旅游人才的国际培养与合作。吸引境外知名旅游院校、科研机构以及企业，合作设立教育教学、培训、研究机构或项目，推动建设一批示范性中外合作旅游学校和一批中外合作旅游办学项目。建设海外旅游高层次人才信息库和人才需求信息发布平台，建立海外旅游高层次人才特聘专家制度，有序引进海外高端旅游教育和研究人才。加大引进国外旅游人才工作力度。探索实行技术移民，制定国外旅游人才资源供给、发现评价、市场准入、使用激励、绩效评估、引智成果共享等办法。加强与联合国教科文组织、世界旅游组织、世界旅游与旅行理事会等国际组织的合作，积极参与双边、多边和全球性、区域性教育合作。开发境外优质旅游教育培训资源，完善出境旅游培训管理制度和措施。加强与国外高水平旅游院校、知名旅游企业合作，建立教学科研、培训实践合作平台，加强旅游经营管理人才、高层次专业技术人才的国际化联合培养，组织师资赴国外访学并引进国外相关专业培养方案，为全面培养具有国际视野的旅游人才队伍奠定基础。积极支持和推荐优秀人才到国际旅游组织任职。推进旅游专业技术人才职业资格国际、地区间互认。发展国际旅游人才市场，培育国际旅游人才中介服务机构。

（七）实行全面深化改革战略，着力提升国家旅游治理现代化

旅游业发展的强大动力在于全面深化改革。建设旅游强国，要充分发挥市场在旅游资源配置中的

决定性作用，同时要更好发挥政府在旅游公共治理中的主导性作用，坚持综合改革与专项改革并举，体制突破与机制创新共推，全面推进旅游综合改革，发挥改革对旅游发展的推动作用。

1. **完善旅游市场体系，整顿和规范旅游市场秩序。**一要进一步完善公开、平等、规范的旅游市场准入制度，充分发挥市场在旅游投资、市场开发、产品促销、经营服务等与旅游企业经营行为密切相关领域的决定性作用。二要尽快消除行政分割和地区壁垒，建立公开、平等、规范的市场准入制度，对从事旅游经营的各类企业，应公平对待，不得区别歧视。三要进一步创新企业机制，以资产重组为契机，以产权制度改革为内容，以培育多元化的市场主体为着力点，深化现代企业制度建设步伐。四要以改革开放增强旅游业发展动力，推动旅游市场向社会资本全面开放。重点在设立旅游产业基金、旅游企业重组、搭建旅游投融资平台等方面实现突破。五要大力整顿和规范旅游市场秩序。切实加快推进旅游市场诚信体系建设，提高旅游业精细化管理水平，下大力气解决游客反应强烈的欺客宰客、强迫消费、部分景区门票价格高、旅游存在安全隐患等热点问题。要将游客满意度指标纳入各级政府旅游工作质量考核指标体系，通过游客评价的"倒逼机制"，促进旅游目的地改善旅游环境，提升旅游服务品质，进一步提高游客满意度。要加强旅游市场监管，严厉打击乱涨价、"黑导游"和强迫消费等行为。通过加强旅游诚信体系建设、强化旅游部门质量监督管理、加强旅游监管队伍建设，进一步健全旅游行业监管体系。最近，国家旅游局加大了旅游市场查处力度，包括对违规经营和欺客宰客情况严重的 5 A 级景区"摘星"，整治和退出一批不合格的星级景区，受到社会的好评。这项工作应该常态化、制度化。以铁的手腕整顿和规范旅游市场秩序，这是繁荣发展旅游业、建设世界旅游强国的紧迫任务和根本之策。

2. 全面深化旅游企业改革，建设一批具有国际竞争力的旅游企业集团。 企业是旅游产业的基础，企业活力和市场竞争力是产业促进的第一着力点。要更加重视旅游企业在建设旅游强国战略中的主体地位。要帮助企业做强做大，形成"以大型集团为主导、中小企业活力充沛、新型业态持续涌现"的旅游产业发展良好局面。推进旅游企业集团化发展。鼓励骨干旅游企业规模化、集团化、网络化，做大做优做强。支持大型景区企业上市融资，支持景区采取门票质押、经营权抵押等方式融资。各级旅游产业基金要重点支持骨干企业发展。

一是培育大型旅游集团。坚持以培育主业清晰、发展路径明确、竞争优势明显的大型旅游集团为基本方向，依托有竞争力的旅游企业，实施强强联合、兼并重组、境外并购和投资合作及上市等途径，促进规模化、品牌化、网络化经营，通过市场培育形成一批拥有自主知识产权和知名品牌、具有较强竞争力的大型旅游企业集团，提高产业集中度。对占有重要旅游资源的景区等企业，应当发挥国有资本的引导、带动作用，国有资本可保持相对控股地位。对旅游景区领域要积极创造条件，鼓励引导、带动其他社会资本的投资，实现投资主体多元化。

二是积极支持中小旅游企业发展。引导和支持中小旅游企业提高经营管理水平和自身市场开拓能力，实施中小旅游企业信息化推进工程，加快推进中小旅游企业服务体系建设。建立中小旅游企业发展专项基金，鼓励符合条件的企业申请"科技型中小企业技术创新基金"和"中小企业国际市场开拓资金"等各类基金。

三是鼓励旅游企业加强品牌建设。引导旅游企业将发展自主品牌作为企业战略重点，支持旅游企业通过自主开发、联合开发、国内外并购等多种方式发展自主品牌。引导企业通过国际参展、宣传营销、质量认证、公共服务平台等多种形式和渠道，提高自主品牌的知名度和竞争力。组织旅游企业品牌质量的评定工作，对品牌建设取得重大进展的企业实施奖励。

3. 加快推进国家旅游治理现代化。一要充分发挥国家宏观指导作用，科学制定宏观规划和政策，要创新土地、财税、资源、金融、人才、技术等政策支撑措施，上下结合，用政策推动旅游业发展。修订和制定与旅游业相关的法律法规，引导、支持、规范旅游业持续健康发展。二要深化旅游行政管理体制改革。强化旅游的综合协调、综合治理职能，推进旅游大部制改革。提升旅游部门统筹职能，探索旅游部门协调各方、整合相关资源、促进旅游业发展的体制机制。近几年，已有北京、海南、云南、广西、西藏等 10 多个省市区实行旅游大部门制改革，有的成立旅游发展委员会，使旅游部门成为综合机构，并提高职能地位；或者成立由当地党委、政府主要领导牵头，宣传、发改、财政、交通、国土、建设、旅游等相关部门组成的旅游领导机构。实践证明，这些对统筹协调推动旅游业发展，发挥了很好的作用，值得研究借鉴和推广。可以研究实行涉旅行政管理职能归口合并试点，建立协同联动的工作机制；也可以考虑设立跨部门的旅游委员会，由各级政府领导成员牵头，有关部门主要负责人为委员会委员，旅游部门承担具体职能。具备条件的城市、县可以先行一步。三要转变政府职能，变"管控旅游"为"服务旅游"，减少对市场主体的干预。简化旅游行政审批，建立高效、便捷的行政审批制度。强化政府市场监管、公共服务职能。四要改革旅游行业协会的领导体制，推进旅游行政部门与旅游协会的脱钩，支持和鼓励行业协会强化协会自律。五要抓紧完善和改革旅游业统计体制、统计体系和统计制度、统计方法，以全面、科学、准确统计和反映旅游业的发展状况和对国家的综合贡献。

4. 改革和完善法定假期制度。 中国旅游业要实现大繁荣大发展，必须加快实行分散旅客流动政策，特别要抓紧研究解决如何避免"黄金周"期间数以亿计的旅客给交通、旅店、景点造成无法承受的压力和负担。一是严格执行职工带薪休假制度。带薪休假是职工的权利，要通过采取健全法规强制执行，加上政策支持、鼓励落实带薪休假的办法，务必使职工带薪休假制度法制化、规范化、普遍化。二是按照国务院文件规定，鼓励错峰休假、弹性休息。2015 年 8 月，国务院发布的《关于进一步促进旅游投资和消费的若干意见》提出，有条件的地方可以实行每周 2 天半休假，这是鼓励性措施，当然还应实行配套措施。三是研究改革全国所有学校的寒暑假制度。最近，有的专家研究提出了一个建议，即把总共约两个月的寒暑假分到全年 12 个月休假，即每个月 5 天，加上每月还有 4 个周末，每月共有 13—14 天的假日。这样，既可以解决游客过度集聚"黄金周"现象，促进旅游业健康发展，也可以深化改革教育制度，提高教育质量。这是个大胆设想建议，可以深入研究。

（八）实行旅游业扩大开放战略，着力建设开放型旅游强国

要统筹国际国内两个大局，挖掘国际国内两个市场，把深化旅游业对外开放作为建设旅游强国的重要驱动力。

1. 实施旅游"引进来""走出去"并重战略。旅游业要实行大开放、大合作，善于运用国际市场规则和通行标准，特别要推行入境签证方面的便利化、高效化，欢迎国际客人"游"进来。同时，要加快推进我国旅游企业"走出去"步伐，推动中国旅游产业国际化布局。鼓励有条件的旅游企业"走出去"，开设旅行社、旅游饭店、连锁店和其他旅游经营项目。各级旅游管理主管部门应加强相关部门的部际合作，充分依托相关优惠政策引导和推动中国旅游

企业进行海外投资。以旅游标准的"走出去"推动我国旅游管理制度的输出，积极参与国际旅游经济秩序和规则标准的制定。

2. 制定和实施入境旅游提升计划，并制出境旅游带动入境旅游发展的联动机制。入境旅游是旅游国际竞争力的核心标志，也是旅游服务贸易出口的关键领域。要在开发适合国际旅游的新产品、入境旅游便利化等方面下工夫。

3. 围绕"一带一路"战略开展国际旅游合作。按照"互联互通，旅游先通"这一总体思路，制定"一带一路"旅游合作发展战略规划。要分别推动建立旅游部长联席会议机制和国际旅游联盟，整合多方资源。按照中央的要求，加强与沿线国家旅游投资合作，联合打造具有丝绸之路特色的国际精品旅游线路和旅游产品。

4. 深化与主要旅游目的地国家的旅游合作。要在维护游客权益、便利签证政策、中文导游、保障游客安全等方面开辟新的工作空间。开展国际旅游友好城市结对工作，建立一套申报、筛选、结对、管理、评估的规范程序，推动国内外城市间结成国际旅游合作城市，从机制上促进旅游交流。要积极推进在驻外使馆设立旅游参赞。

5. 深化与联合国世界旅游组织的合作。推动相关国家履行中文成为联合国世界旅游组织官方语言的批准程序。与世界旅游组织联合培训发展中国家旅游人才，选派各级旅游部门的优秀干部到世界旅游组织挂职交流。

6. 加快发展旅游实验区，探索设立旅游特区。实行更加优惠便利的政策是支持旅游业发展的重要举措。要在云南省国家旅游综合改革发展实验区、海南国际旅游岛、桂林国家旅游综合改革实验区的格局基础上，加快发展旅游实验区，探索建立旅游特区，给予更加优惠的旅游便利和出入境管理政策。要研究实施促进出入境及过境旅游签证便利化措施，推动符合规定条件的对外开放口岸开展外国人签证业务，逐步优化完善外国人72小时过境免签政策，统筹研究部分国家旅游团入境免签政策，优化邮轮入境政策。

7. 积极开拓旅游外交。要进一步探索对外开放的新形态，深化与扩展政府与国际组织之间合作的内涵与外延，提升我国在世界旅游市场中的影响力，加大扶持、提升公共服务以及强化人才等要素投入促进旅游产业的国际化发展，构建旅游产业的可持续发展能力和核心竞争能力，有序发展出境市场，推动出入境市场互换机制的建立。

旅游行业要在国家开放新格局中，主动作为、主动发声，服务国家整体外交、服务旅游业发展、服务游客消费需求，努力开创旅游对外开放新局面。应该大力推进旅游外交，全力以赴办好中俄旅游年、中英旅游年、中法旅游年、中韩旅游年、中印旅游年、中墨旅游年、中国——中东欧旅游年等系列重大活动。用好世界发展的平台，可以让世界分享中国发展的红利。首届"世界旅游发展大会"将于 2016 年 5 月在北京举行，中美将在 2016 年举办"中美旅游年"，2017 年、2018 年，世界旅游组织大会、世界旅游业理事会大会还将陆续在中国召开。要抓住用好这些重大机遇，通过一系列国际化平台，使中国的旅游国际影响力、竞争力实现一个大跨越。

（九）实行更加积极的旅游政策战略，着力构筑完善的旅游业支撑保障体系

1. 健全财政保障体系，加大政府支持力度。抓紧研究更加积极的财政支持旅游业发展的相关政策。各级政府要配合国家旅游强国发展战略加大对旅游基础设施建设的投入力度，中央政府投资尤其是重点支持中西部地区重点景区、红色旅游、乡村旅游等的基础设施建设。将符合条件的旅游企业和项目纳入国家有关支持服务业、中小企业、新农村建设、扶贫开发、节能减排等专项资金的支持范围。同时，要制定优惠、扶持政策，广泛动员、引导社会资金、企业资金投向旅游业。由政府引导、企业牵头，推进设立旅游产业基金，促进旅游企业发展、产业优化创新和转型升级，拓宽对旅游产业的支持方式，在传统的政府贴息和补助奖励基础上，引入股权投资方式，实现专业化投资方式。拓宽旅游企业融资渠道，支持符合条件的旅游企业上市。

2. 健全金融支持旅游体系。对符合旅游市场准入条件和信贷原则的旅游企业和旅游项目，要加大多种形式的融资授信支持，合理确定贷款期限和贷款利率。加强债券市场对旅游企业的支持力度，积极鼓励符合条件的旅游企业在中小企业板和创业板上市融资，发展旅游项目资产证券化产品。加大对小微旅游企业和乡村旅游的信贷支持，鼓励中小旅游企业和乡村旅游经营户以互助联保方式实现小额融资。积极为中小旅游企业争取同中小企业同等的贷款优惠政策。建立旅游发展专业基金公司，为旅游企业的资本运作提供直接有效的资金支持。加大对大型旅游装备出口的信贷支持。进一步完善旅游企业融资担保等信用增强体系，鼓励各类创业风险投资机构和信用担保机构加大担保和投资力度。拓宽旅游企业融资渠道，鼓励消费金融公司在试点过程中积极提供旅游消费信贷服务。探索开发适合旅游消费需要的金融产品，增强银行卡、信用卡、支付宝的旅游服务功能。

3. 优化旅游业用地等政策。 对投资大、发展前景好的旅游重点项目，要优先安排落实土地政策，支持旅游业用海用岛开发项目。支持中西部地区利用荒山、荒坡、荒滩、垃圾场、废弃矿井、石漠化土地开发旅游项目。对近海旅游娱乐、浴场等亲水空间开发予以优先保障。

4. 强化旅游法治保障体系。确立依法治旅、依法兴旅理念和战略。从世界旅游强国的发展经验来看，都有完备的旅游法律体系作为支撑。我国旅游法律体系建设取得了长足进步，逐步形成了以《旅游法》为核心的旅游法律法规体系和更加有利、更加公平的旅游产业发展政策环境。需要围绕《旅游法》的贯彻落实，抓紧制定或修订《出境旅游条例》《旅游安全管理办法》《景区开放办法》《旅游景区游客承载量核定工作导则》《旅游规划办法》《境外宣传与推广工作管理办法》等配套法规制度，不断完善旅游业发展的法制环境。特别要加大依法监管的力度。

5. 完善旅游安全和标准体系。加强旅游安全风险防范，构建旅游应急救援体系。同时，完善旅游标准化框架体系，包括国家标准、行业标准、地方标准和企业标准。要抓紧制定并实施旅游环境卫生、旅游安全、节能环保等标准，重点保障餐饮、住宿、厕所的卫生质量。积极借鉴国际上旅游业实行行业标准化管理的经验，加大旅游标准化推行力度。

全面建设世界旅游强国，离不开国家经济社会的持续繁荣发展。随着综合国力和国际竞争力的大幅提升，随着整个社会主义现代化的加快推进，实现我国全面建成世界旅游强国的战略目标必将指日可待！

（本文系作者 2015 年 10 月 19 日在中共中央组织部、国家旅游局、国家行政学院联合举办的"省部级领导干部促进旅游业改革发展专题研讨班"上的授课提纲）